你好啊，小诗词

⑤花间一壶酒

毛向军◎编著
霜　豪◎绘

中国铁道出版社有限公司
CHINA RAILWAY PUBLISHING HOUSE CO., LTD.

[使用说明]

9 类 88 种汉字结构
和语文配套的硬笔楷书
全方位的练习指导
与诗文紧密结合

注释
给多音字、生僻字注音
为难字释义

16 类 200 首经典古诗词
硬笔楷书，大字展示
更方便抄诗、临摹
诗词涵盖中小学生必背诗词
及优秀的课外诗词

小诗词知识
了解诗人创作背景
感受古代文人生活
学习诗词分类知识

画赏
读诗赏画
培养审美

诗说
尊重诗词原意
解读诗境，注释浅显易懂

[书法常识]

坐姿

开始做诗抄，首先要有一个正确的坐姿。好的书写姿势，既可以提升专注力，又可以让身体更放松，还可以提高抄诗的速度，达到事半功倍的效果。

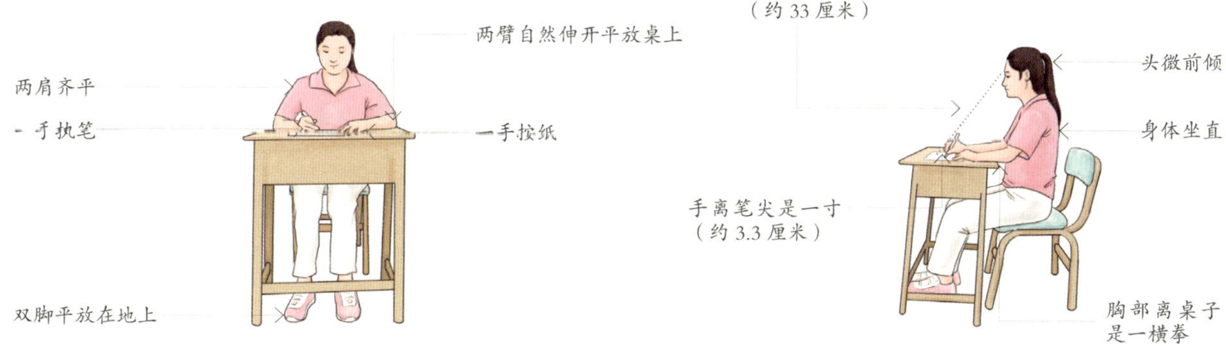

正确的书写姿势

握姿

抄写诗的过程需要手指和手腕的配合，“两面三点执笔法”能有效地调动它们的灵活性，①②两面捏住笔，③④⑤为支撑点。

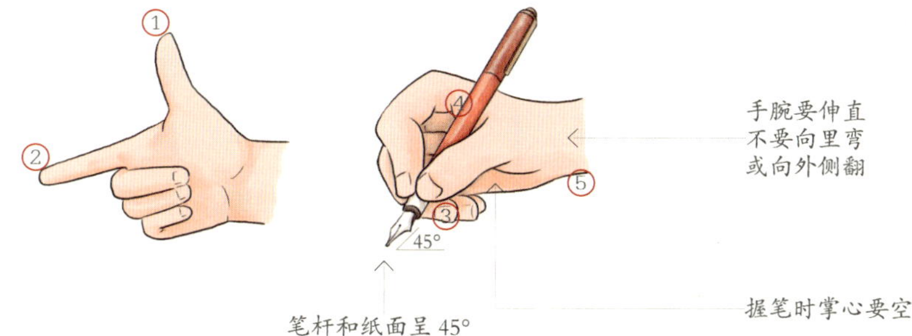

心态

抄诗时要心平气和，不能过分追求速度，导致越写越急，越急写得越潦草。

善于发现抄诗的乐趣，养成一种“乐而知之”的良好心态。

每天可以安排 5~15 分钟抄诗，需保证抄诗的质量，不要追求数量。

选笔

笔尖坚硬的书写工具，都被称为“硬笔”。可根据不同学段选用铅笔、中性笔、钢笔等抄诗工具，笔杆应粗细相宜。不建议选择自动笔和圆珠笔进行练字。

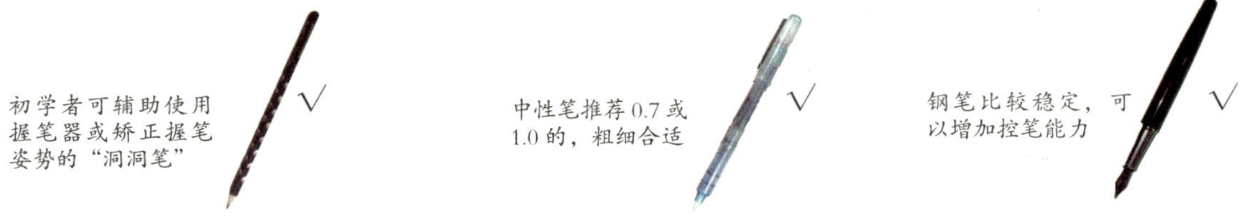

选帖

在挑选临摹字帖时，建议根据个人的喜好选帖。将水平较高的字帖，放在一起对比。

当代一些比较优秀的书法家，他们风格都各不相同，有清秀别致、严谨规范的，也有潇洒飘逸、激励奔放的。选择自己最喜欢的字帖临摹。荀子曰“好一则博”，初学书法，要先专一，方能博学。选好一本字帖，要专心致志练下来，不能朝三暮四，待一本字帖临摹熟了，才可更换字帖，博采众长。

读帖

在临帖之前要仔细观察字的结构、布局、笔画、笔法等，古人称之为“读帖”。

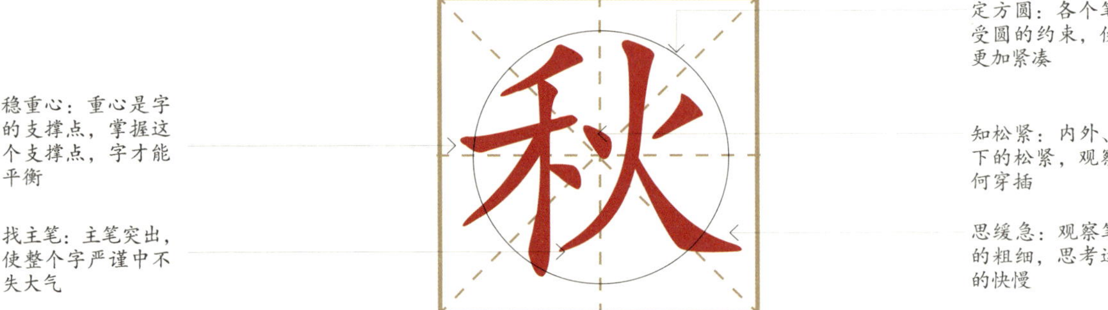

临帖

临帖是照着字帖上的字，通过自己练习去了解书法的技法和规律，是学习书法的最有效方法。学习的重点从笔画到结构再到章法，循序渐进。

笔画：一个笔画怎么写

结构：一个字怎么写

汉字分为上下、左右、半包围、独体字等结构，结构虽然多样，但还是有规律可循。这里不赘述，正文“练字指导”版块里，有详解。

练字指导版块的解释

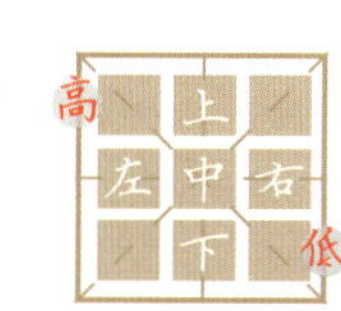

汉字部件的位置

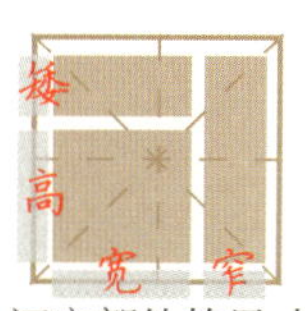

汉字部件的尺寸

章法：一首诗怎么写

特点

整齐划一：字与字、行与行之间等距，保持整齐但不呆板。

多样统一：在和谐统一的关系中注入多样性、变化性，不应该忽略每个字的细节。

形式

横写法：字序从左到右，行序从上到下，首行空两格，字间加标点。

竖写法：字序从上到下，行序从右到左，是较为传统的书写方式。

练字指导索引

手机扫描二维码，即可观看书法课程。

目录

花

趣

古诗词快速记忆技巧

熟读后，书写三遍。

第一遍，描：用自干笔在本书诗词上直接描。

第二遍，抄：在田字格本子上抄，每句只看一次。

第三遍，默：尝试独立默写整首诗。

（每个主题的诗词按照难度由低到高排序）

经典的古诗词，诵读是远远不够的，在落笔书写的那一刻，在平顺转折之间，字里行间溢满了诗人的情怀。诗言志，词言情，生活中有了诗词，才会有诗意。从小就感受诗词的意境，人生何惧不精彩。

这本《花间一壶酒》分册中，我们选择了25首诗词，并根据诗意分为花、趣两个主题，引导读者赏析诗词，抄写诗词，理解诗意，感受诗境。

《春风杨柳万千条》 傅抱石

练字指导

半包围结构的字。
右上包左下，
左部不要写太长，
右部斜钩低于左部。

看！远处青山苍翠，水面上轻舟迎风远航。地里田间，人们忙着春耕，柳树发出嫩绿的枝条随风摇摆，娇艳的鲜花也肆意开放，点缀着明媚的春光。

咏柳

〔盛唐〕贺知章

▲妆：装饰打扮。 ▲一树：满树；一，满、全。在古诗文中，数量词不一定表示确切的数量。

▲绦（tāo）：用丝编成的绳带。

春天到了，柳树都抽出了芽。诗人看到高高的柳树上长满了翠绿的新叶子，轻柔的柳枝垂下来，就像无数条轻轻飘动的绿色丝带。诗人抬头看着这新叶，心里思忖着这细细的嫩叶是谁的巧手裁剪出来的呢？原来是那二月里温暖的春风，它就像一把灵巧的剪刀啊。

《秋色梧桐图》【明】蓝瑛

练字指导

独体字。
居中对称，
上面一横偏短，
左右两竖向内倾斜。

秋高气爽，一枝红叶的枝头横斜下垂，一只美丽的小鸟，悠闲地栖立在下方的梧桐枝上，形象生动自然。画家点染随意，梧桐叶饱含水墨，枝干劲健有力。山鸟基本以墨画成，略施淡赭色彩，令人感到素雅可亲。

咏梧桐

［清］郑燮

高梧百尺夜苍苍，
乱扫秋星落晓霜。
如何不向西州植，
倒挂绿毛么凤皇。

▲西州：指扬州。　▲么（yāo）凤皇：又名桐花凤，凤凰的一种。

高大的梧桐在夜色下像是有百尺高，高到能扫动天上的星星，拂去清早的霜露。为什么不在扬州种植它呢？这样就能引来凤凰栖息了。

看似这是一首咏物诗，其实这首诗是借写梧桐植错了地方来隐喻自己的朋友无用武之地。

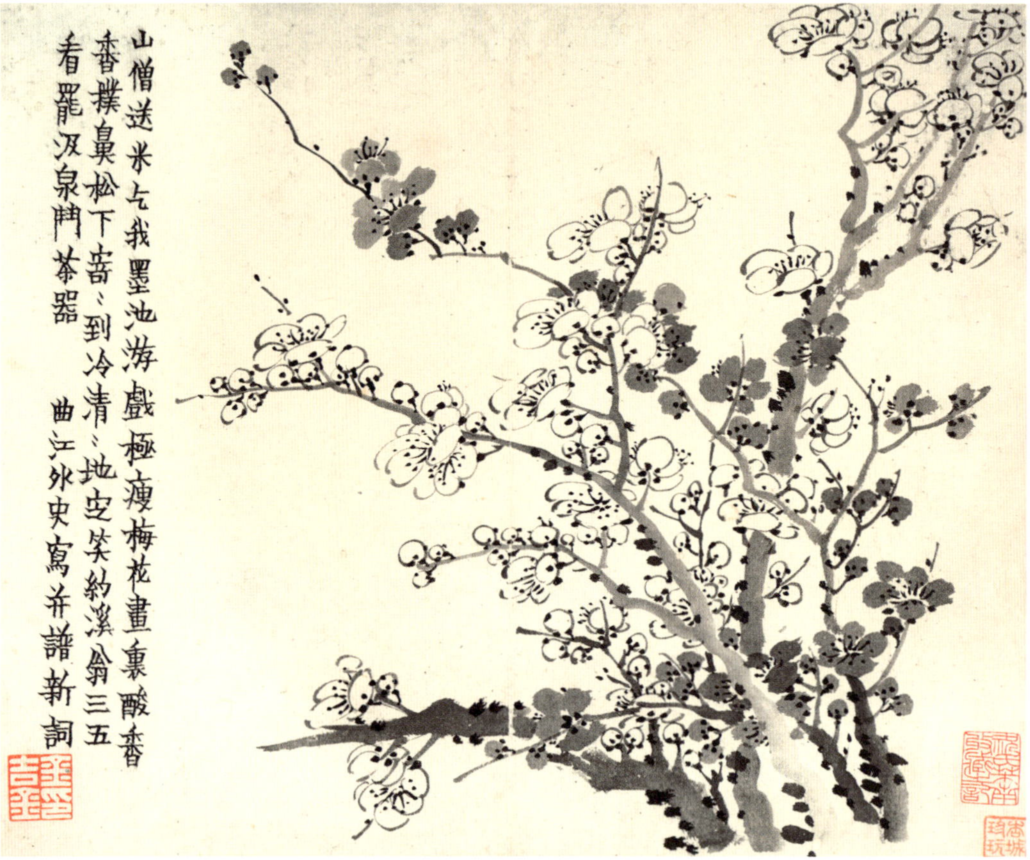

《梅花图》〔清〕金农

画赏

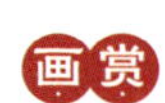

这是一幅淡雅的墨梅图，画中的梅花枝干苍劲有力，枝头缀满了梅花，或悄然怒放，或含苞待放，仿佛一股暗香飘出了画卷。

梅花

【北宋】王安石

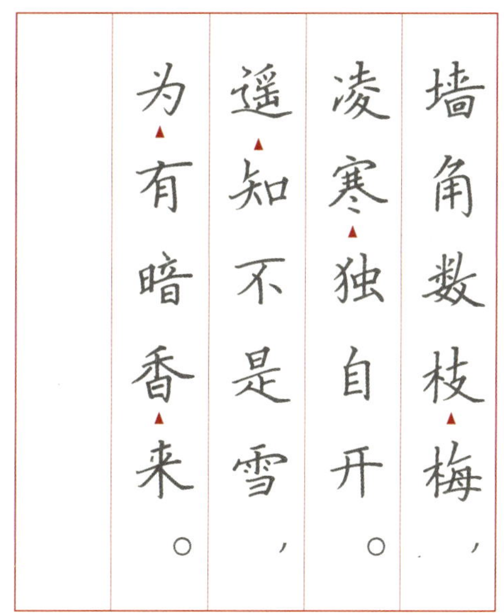

练字指导

左右结构的字。
左窄右宽，左低右高，
左右笔画注意穿插避让，
竖要均分口字，
点的末笔比提的起笔要低一些。

▲数枝：几枝。 ▲凌寒：冒着严寒。 ▲遥：远。 ▲为：因为。 ▲暗香：幽香。

墙角有几枝梅花在严寒中独自开放。远远地就知道那并不是白雪，因为有阵阵清香不断飘来。

梅花幽香、精致，是很多诗人争相咏诵的对象。它不畏严寒、困难的品质，是我们应该学习的。

《盆菊幽赏图》【明】沈周

画中的大树下建有一座草亭，四周以栏杆隔成小院，画家与友人在亭中对饮，一个侍童在旁边持壶站立。院中有若干盆菊花，在秋风中开得正浓，色彩各异。整幅画景致简朴，画法谨细，充满了秋高气爽的意境。

菊花

［中唐］元稹

秋丛绕舍似陶家，
遍绕篱边日渐斜。
不是花中偏爱菊，
此花开尽更无花。

▲秋丛：指丛丛菊花。 ▲舍（shè）：居住的房子。 ▲陶家：陶渊明的家。
▲日渐斜：太阳渐渐落山；斜，倾斜。因古诗押韵需要，读（xiá）。

诗说

一丛一丛的秋菊绕着房屋开放，看起来多像陶渊明的房子啊。诗人绕着篱笆观赏菊花，不知不觉太阳已经下山了。不是因为百花中偏爱菊花，只是菊花开完之后，就更没有别的花可看了。

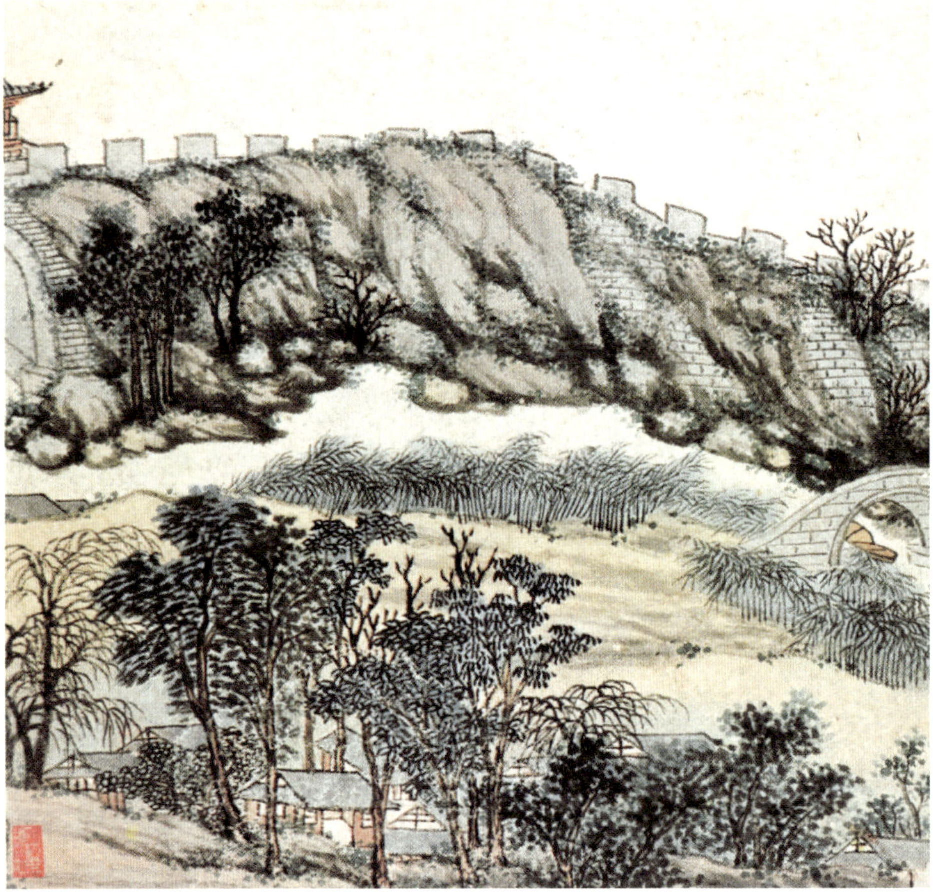

《东庄图册》【明】沈周

屋前屋后绿树葱葱，门前的石桥下，停靠着几叶小舟，无事泛舟河上，看远处青山隐隐，云卷云舒，整幅画给人一种自然闲适的情调。

风

【初唐】李峤

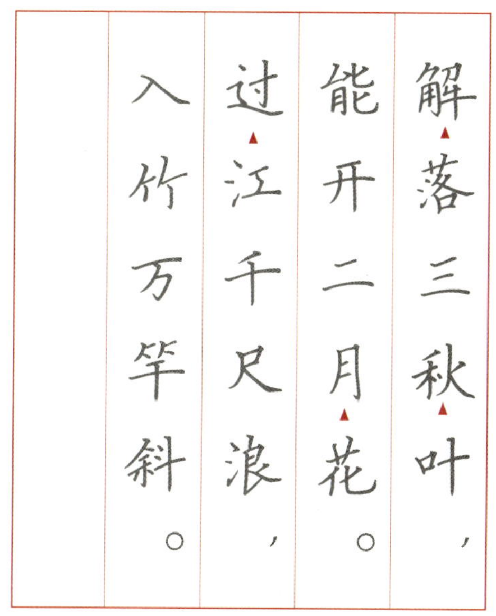
解落三秋叶，
能开二月花。
过江千尺浪，
入竹万竿斜。

练字指导

独体字。
上收下展，
竖撇上直下弯，
起笔重、行笔重、收笔轻，
横画等距抗肩。

▲解：能够。 ▲三秋：农历九月，指秋天。 ▲二月：农历二月，指春天。 ▲过：经过。

风是什么样的？它能吹落秋天金黄的叶子，能吹开春天二月的花朵。能在江面吹起千尺的浪花，吹进竹林能让万竿竹子倾斜。

《梅花水仙图》［明］陈淳

练字指导

左右结构的字。
左右等宽，左高右低，
米字末笔捺改成点，
竖折一笔写成，
右边撇画上扬，不要写平。

画面中梅花用水墨挥洒，枝干时断时连，有形虽断，意相连，韵味十足；画中的水仙，清新脱俗，静谧隽永。整幅画生动形象地表现了梅的苍健和水仙的清新。

梅花落

［初唐］杨炯

窗外一株梅，
寒花五出开。
影随朝日远，
香逐便风来。
泣对铜钩障，
愁看玉镜台。
行人断消息，
春恨几裴回。

▲逐：追逐，跟随。 ▲铜钩障（zhàng）：装饰有铜钩的屏风。 ▲裴（ péi ）回：同“徘徊”，往返回旋。

看见窗外有一枝梅花，在寒冬中开放已经有五载了。花的影子随着朝阳的照射慢慢远去，花香却随着清风来到窗前。流着泪看向铜钩屏风，忧愁地看着玉制的镜台。出征的丈夫已经很久没有消息了，可惜春光逝去了再难回来啊。

诗人表面写梅花，实则写妇人对戍边丈夫的担忧和思念。

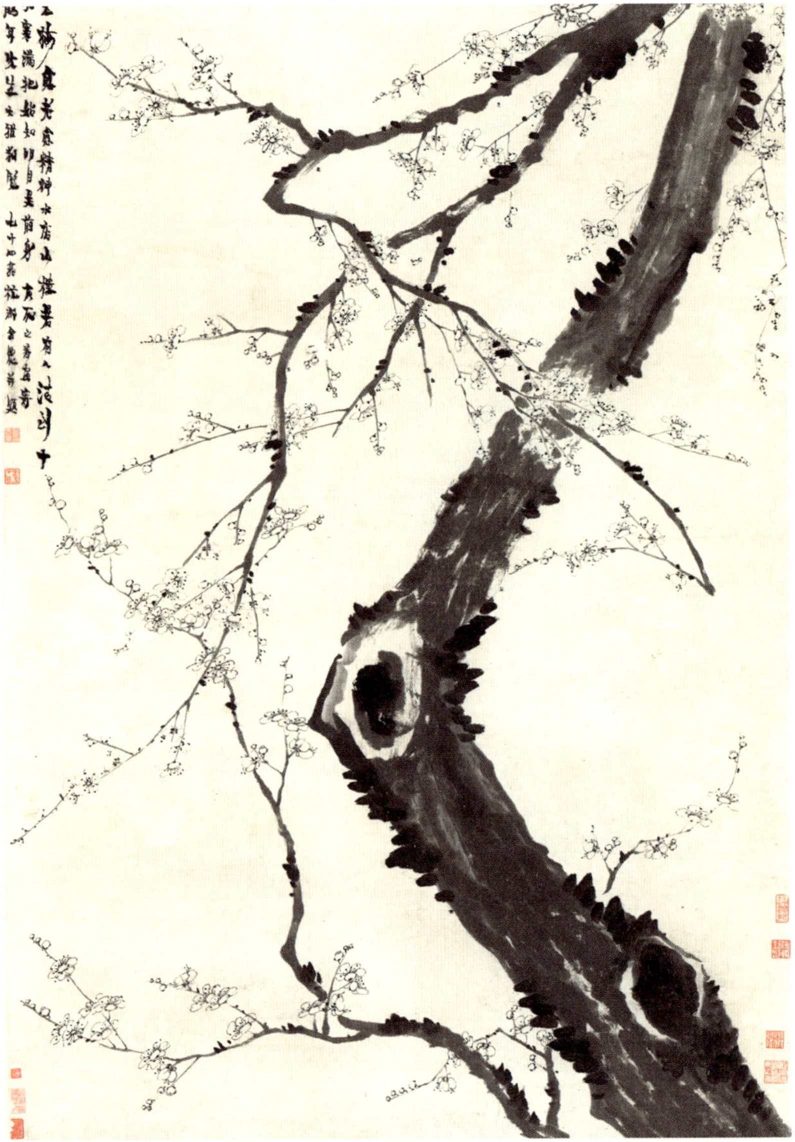

《墨梅图》 [清] 金农

练字指导

常用偏旁之三点水旁。
写三点水旁时，
第二点稍靠外，
前两点间距较近，
后两点间距稍远，
三点起笔略呈弧形。

画中梅花主干粗壮，墨色颇为浓厚，细致小巧的梅花点缀在枝干上。画作的整体像是老树上盛开着娇嫩的花朵，留下欣欣向荣的姿态。

墨梅

[元] 王冕

吾家洗砚池▲头树，
个个花开淡墨痕。
不要人夸好颜色，
只流清气满乾坤▲。

▲墨梅：用水墨画的梅花。 ▲冕（miǎn）。 ▲洗砚（yàn）池：传说会稽（今浙江绍兴）蕺（jí）山下有晋代大书法家王羲之的洗砚池，由于经常洗笔砚，池塘的水都染黑了。 ▲乾坤：天地间。

诗人家里的洗砚池边有一棵梅花树，每朵开放的梅花都显现出淡淡的墨痕。这些盛开的梅花不需要别人来夸赞它们的颜色有多么好看，清新的香气已经自己弥漫开来。

诗人用梅花的品格自喻，表现出自己的人生态度也如梅花一般高洁。

《山水画》【清】陆恢

练字指导

独体字。
字形偏方，
撇短竖长，
撇和竖间距宜小，
主笔长横要突出。

这幅画主体题材为山、水、树木等，画面层次分明。远处青山云雾围绕，中景树木苍翠，房屋掩映其间，近处山石叠嶂。整幅画着色以赭石为主加少许花青，看起来古雅恬淡，颇有洒然清秀之趣。

苔

【清】袁枚

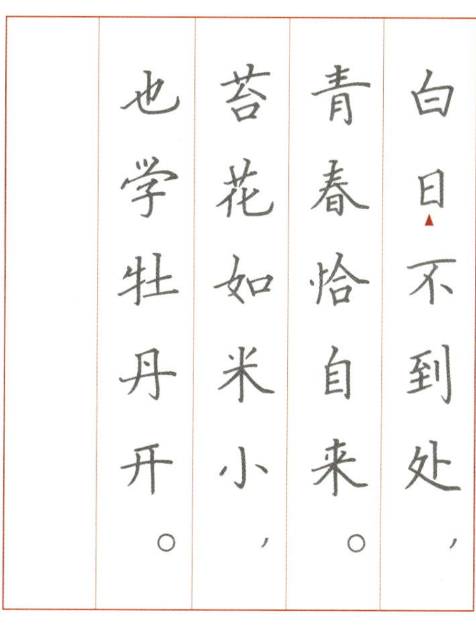

▲白日：太阳。

在白天阳光照不到，又不宜植物生长的地方却长出了绿色的青苔。虽然它开的花朵像米粒一般大小，却也如牡丹一般努力绽放。

苔藓大都生长在幽暗的地方，很难得到人们的注意和喜爱。但诗人却看到了它不因环境恶劣而丧失生长的品质。

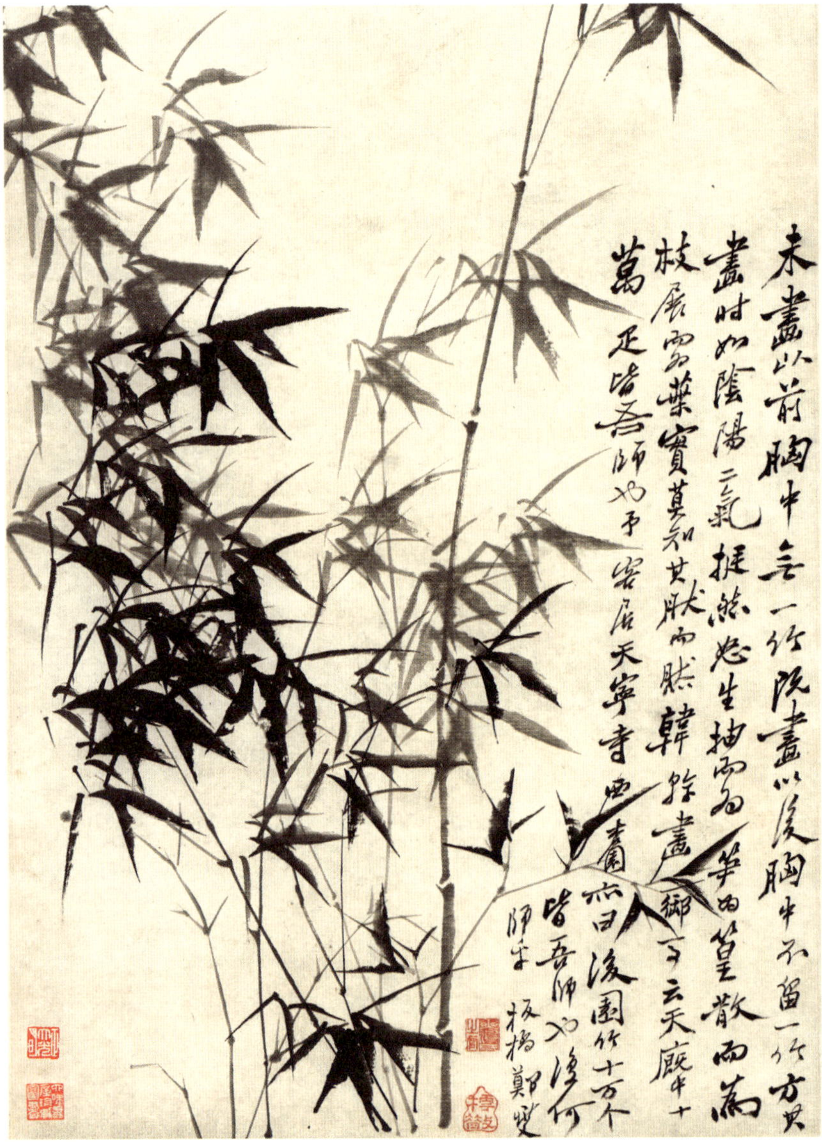

练字指导

半包围结构的字。
上三包，上窄下宽，
重心区域呈竖长型，
主笔竖斜钩不要写成弯钩。

《风竹石图》［清］郑板桥

这幅水墨画同诗一样，都出自郑燮。郑燮爱竹，也擅长画竹，画中竹竿修长，长短各异，各自独立，却顾盼生情，竹叶用笔，浓淡相映，妙趣横生，简单几笔，就画出了竹子坚韧的品格。

竹石

[清] 郑燮

咬定青山不放松，
立根原在破岩中。
千磨万击还坚劲，
任尔东西南北风。

▲郑燮（xiè）：郑板桥。▲破岩：岩石缝隙。▲还（hái）：仍然。▲任：任凭。▲尔：你。

竹子紧紧咬着青山没有一点松懈，它的根也深深扎在石缝之中。竹子挺立着，经历了几数的磨难和打击还仍然坚挺着，任凭东西南北风，都刮不倒它。

如竹子一样的坚韧品格，是诗人歌咏的，也是我们应该学习的。

难得糊涂的郑板桥

难得糊涂的来源

很多人都喜欢郑板桥的这句“难得糊涂”，那你知道“难得糊涂”的来历吗?

据说，郑板桥在山东任职的时候，有次去莱州云峰山游玩，由于天色已晚，他便想在山中一间茅屋借宿一晚，敲门过后，发现屋主是一位儒雅的长者，自称“糊涂老人”。

得知来客是名满天下的郑板桥后，老人想请他在砚台上留下墨宝，郑板桥感觉这位老人谈吐不凡，肯定有一定的来历，便信手题下“难得糊涂”四个字，并盖上了“乾隆进士”的刻章。郑板桥也想让老人题词，老人没有推辞，写下了“得美石难，得顽石尤难，由美石转入顽石更难，美于中顽于外，藏野人之庐，不入富贵之门也。”意思就是美丽质地坚硬的石头，只会被山野隐人收藏，富贵人家是不会有的。写完便盖上“殿试第三”的印章。郑板桥看后顿时心生敬仰，原来这位老人是一位情操高雅的退隐官员。

清雅傲骨的郑板桥

郑板桥是“扬州八怪”代表人物之一，他一生只画竹、兰、石，尤其画竹无人能及，他为官时不会趋炎附势，一生傲骨，“难得糊涂”也正是他久居官场后无可奈何的写照，晚年穷到靠卖字画为生，但依旧风骨犹存，不卑不亢。

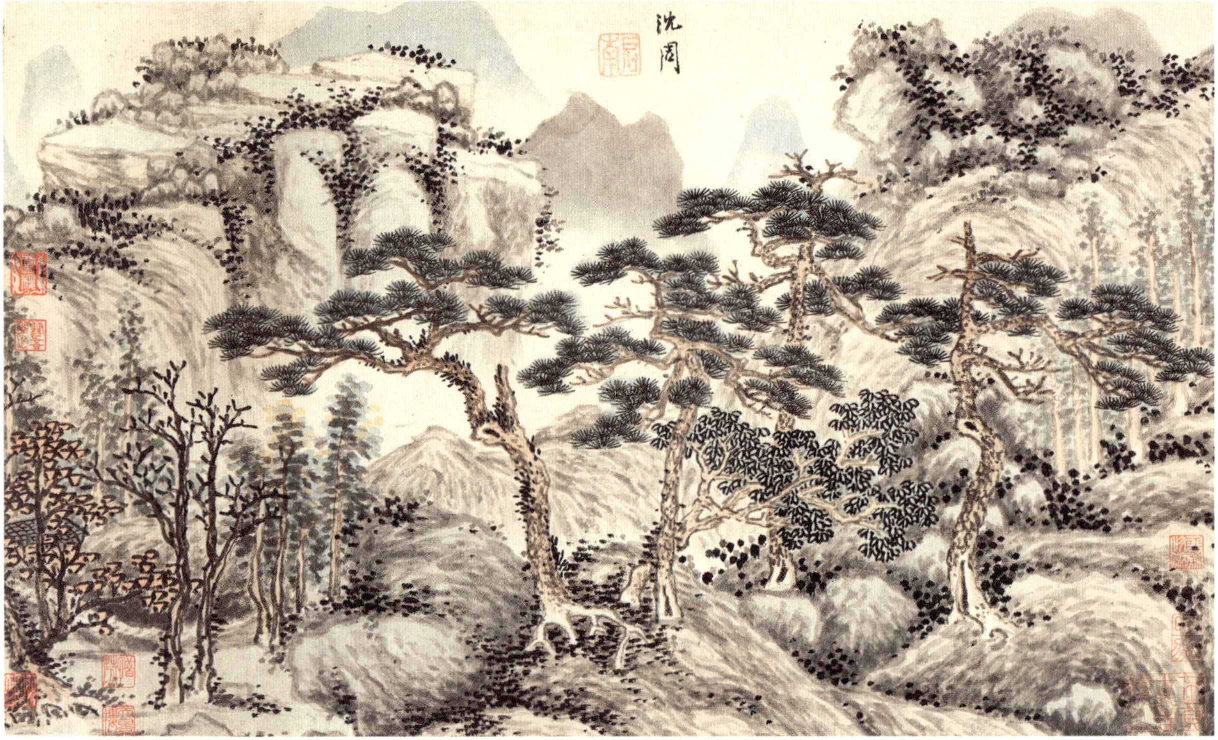

《四松图》［明］沈周

画赏

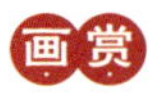

这幅画描绘的是山野的一处小景，画面的中央是四棵形态各异的松树，树干苍劲有力，松叶细致逼真，周边的山峰和小径给山野增添了生趣和活力。

小松

［晚唐］杜荀鹤

练字指导

左右结构的字。
左宽右窄，高矮均匀，
首横较短，
右侧左竖较短、竖钩长，
竖钩挺拔，且和左竖平行。

▲刺头：长满松针的小松树。 ▲蓬蒿（péng hāo）：两种野草。 ▲凌云：高耸入云。 ▲始道：才说道。

松树很小的时候被深深的草丛所掩盖，根本看不出来它的存在。等它长大了一些，发现竟然比那些原先盖住它的野草高出了许多。很多人一开始并不知道松树是可以高入云霄的，等到它真的高耸入云时，人们才开始称它是真正高大的树木。

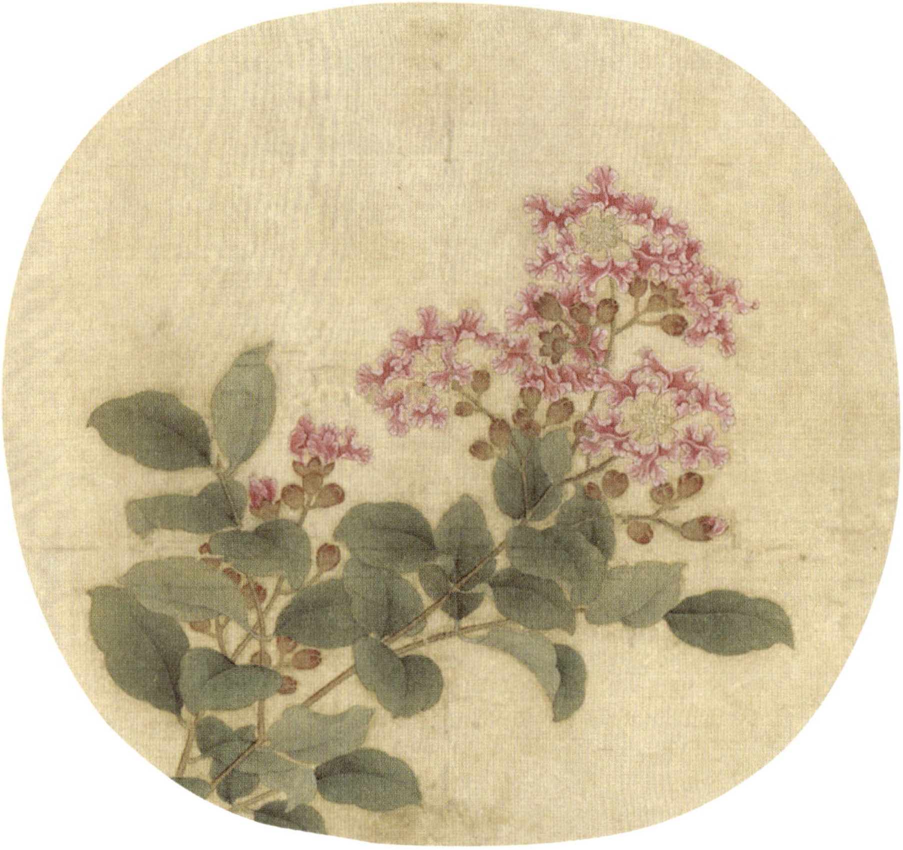

《写生紫薇》［宋］卫昇

这是一幅古朴典雅的折枝工笔画，画中的紫薇花色彩明丽，画家用细腻的笔触，勾勒出花朵与叶子的轮廓，再用彩墨加以渲染，花叶描绘的形象逼真。

紫薇花

[晚唐] 杜牧

晓迎秋露一枝新，
不占园中最上春▲。
桃李无言又何在，
向风偏笑艳阳人▲。

练字指导

左右结构的字。
左右等宽，左低右高，
左边三横等距，竖画写直拉长，
右侧上收下放，竖弯钩尽量放开。

▲上春：早春。　▲艳阳人：指在艳阳春天里开的花。

清早，紫薇花迎着秋天的寒露开出一枝枝新鲜的花朵，而不是在早春与群芳争奇斗艳。无言的桃花李花又在何处，只有紫薇花面向寒冷的秋风，笑看那些在春日艳阳里开放的花了。

《美人蕉》 于非闇

练字指导

独体字。
字形偏扁，
卧钩起笔与水平线夹角约 45° 。
钩向下弯度较大，
卧钩起笔较轻、行笔慢慢偏重。

画面中描绘了两枝正在盛开的美人蕉，叶子苍翠欲滴，花朵娇艳明丽，在花朵的上空飞着两只蜜蜂，给整幅画添上了几分生气。

红蕉

[中唐] 柳宗元

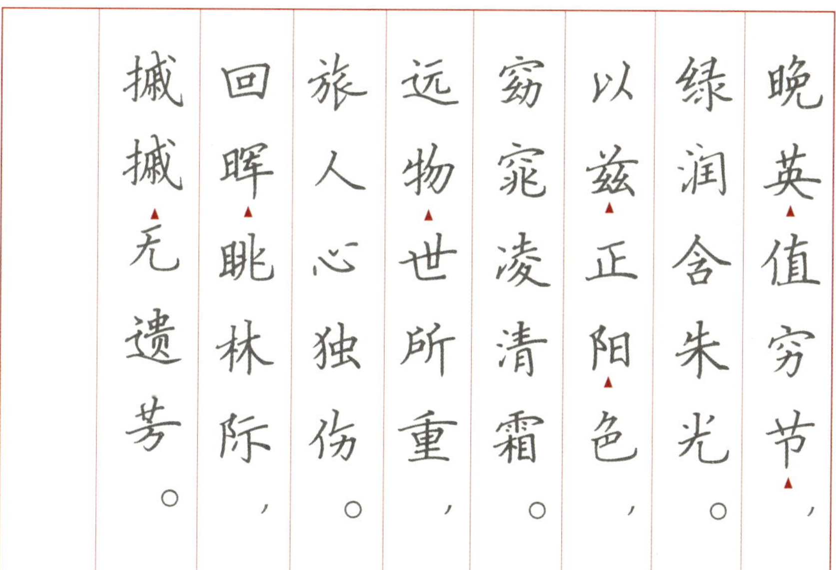

▲红蕉：即美人蕉。▲晚英：秋冬之花，这里指红蕉。▲穷节：岁末时节。▲以兹：凭此，用此。
▲正阳：指农历四月。▲远物：远处地区的事物，此指红蕉。
▲回晖：夕照。▲槭槭（sè）：拟声词，落叶声。

诗说

正值深秋时节，美人蕉的花朵这时才开放，在鲜绿的叶片丛中，蕴含着一团红色的光芒。这样纯正如太阳一样的色泽，还有窈窕的姿态，足以压倒严秋的寒霜。世人偏爱这偏远地方的事物，可被流放的人却只能独自感到悲伤。远远眺望夕阳照耀的山林，树叶萧瑟落下，没有留下一点芬芳。

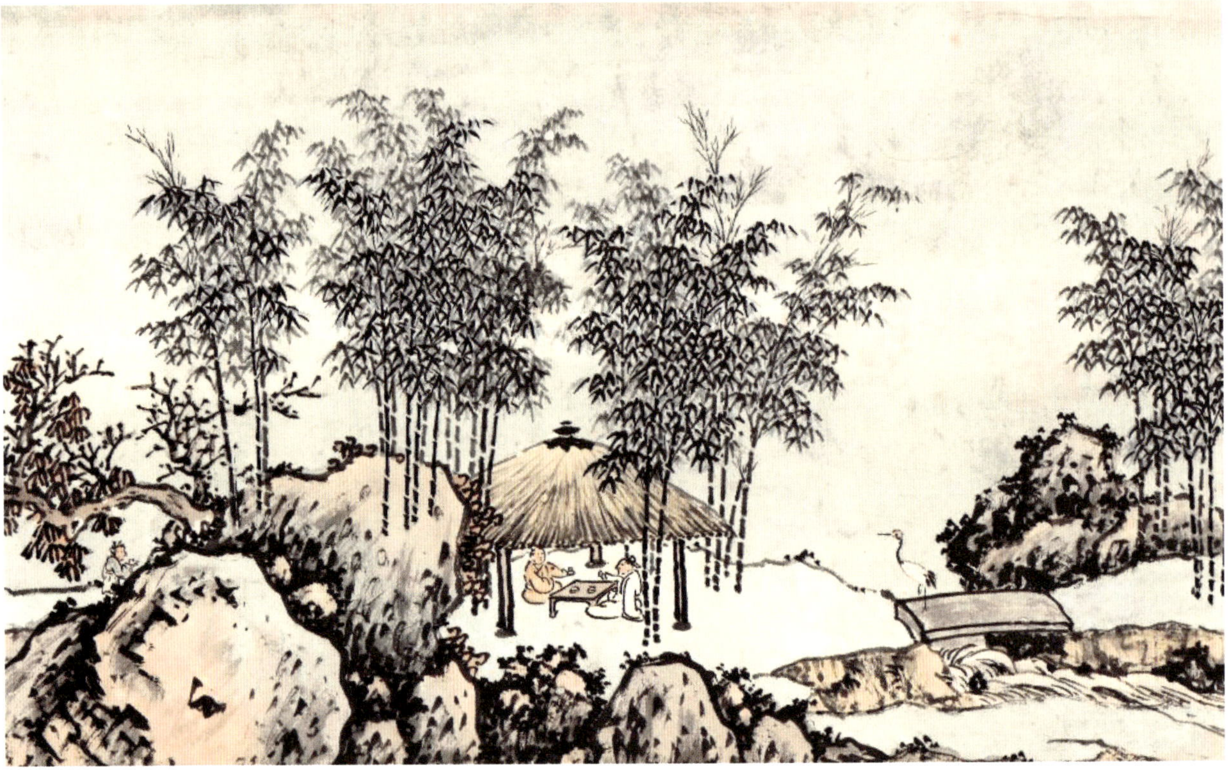

《有竹庄中秋赏月图》［明］沈周

画赏

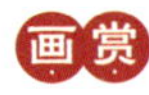

画中描绘了画家与友人中秋夜，在竹庄草亭饮酒赏月时的情景。山水清胜，明月高悬，在修竹、白鹤的映衬下，意境显得清幽高旷。

石竹咏

［初唐］王绩

萋萋结绿枝，
晔晔垂朱英。
常恐零露降，
不得全其生。
叹息聊自思，
此生岂我情。
昔我未生时，
谁者令我萌。
弃置勿重陈，
委化何足惊。

▲萋（qī）萋：草木茂盛的样子。 ▲晔（yè）晔：美丽繁盛的样子。 ▲萌：萌生。 ▲委化：自然的变化。

诗说

碧绿的枝条长得茂盛，在枝条间还挂着生长繁盛的红色花儿。诗人常常担心冰冷的露珠会扼杀这美好的小生命。在叹息的时候，诗人不禁也思考自己命运，感叹道：这一生，难道是我钟情吗？在我还没有降临人间的时候，是谁决定让我来到这个世界的呢？算了算了，抛开这样的事情不再说了，顺其自然的变化，又何必惊恐呢？

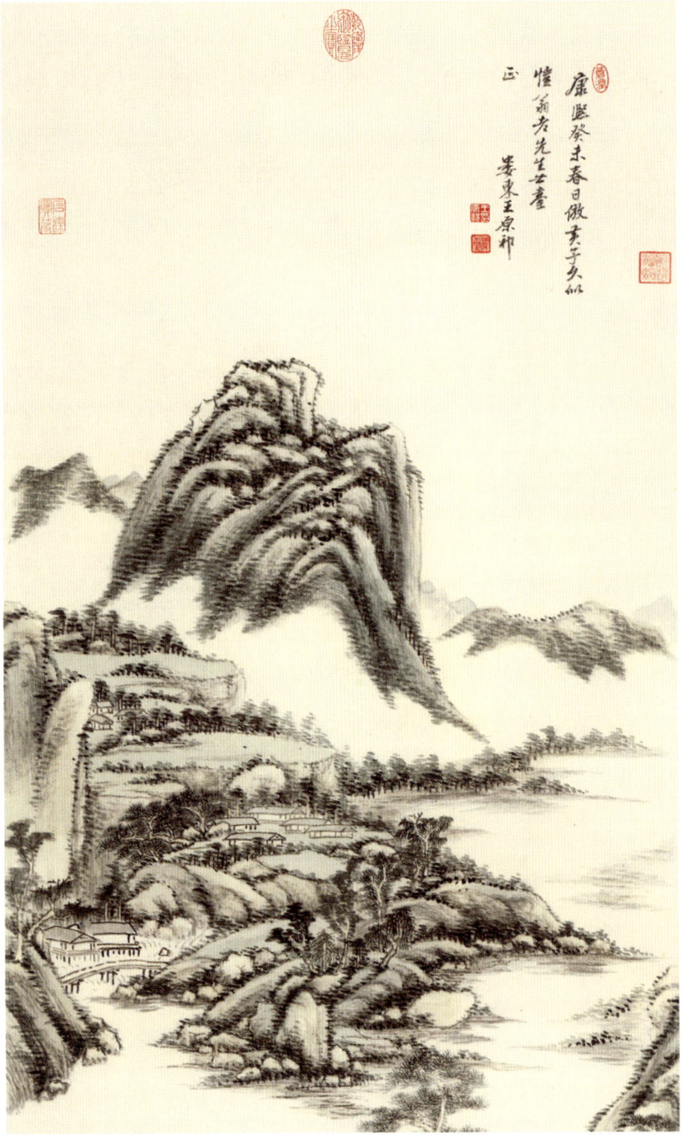

《仿黄公望山水画》【清】王原祁

练字指导

左右结构的字。
左窄右宽，左小右大，
口字旁不要写过大，
单人旁竖画从撇的中间起笔，
右侧四个横画满足等距。

在层层叠叠的远山，高山流水中，隐藏着小桥流水人家。葱郁的松柏，宁静的山庄，潺潺流动的小溪，都是画家用笔墨表达着自然本真的情感。

感遇·江南有丹橘

［盛唐］张九龄

江南有丹橘，
经冬犹绿林。
岂伊地气暖？
自有岁寒心。
可以荐嘉客，
奈何阻重深。
运命唯所遇，
循环不可寻。
徒言树桃李，
此木岂无阴？

▲伊：语助词。 ▲岁寒心：意指耐寒的特性。 ▲荐：推荐。 ▲树：种植。

江南的丹橘枝繁叶茂，经过了一个冬天还不凋零，仍然常青。难道是因为南方气候暖和？其实是因为它具有松柏耐寒的本性啊。诗人想将这丹橘推荐给别人，但这生长的地方，山重水阻，怎么才能送达呢？由此诗人发出了感叹，命运遭遇往往无常，因果循环的奥秘也很难得出结论。世人只说种桃树李树，难道丹橘就不能蔽日遮阴吗？

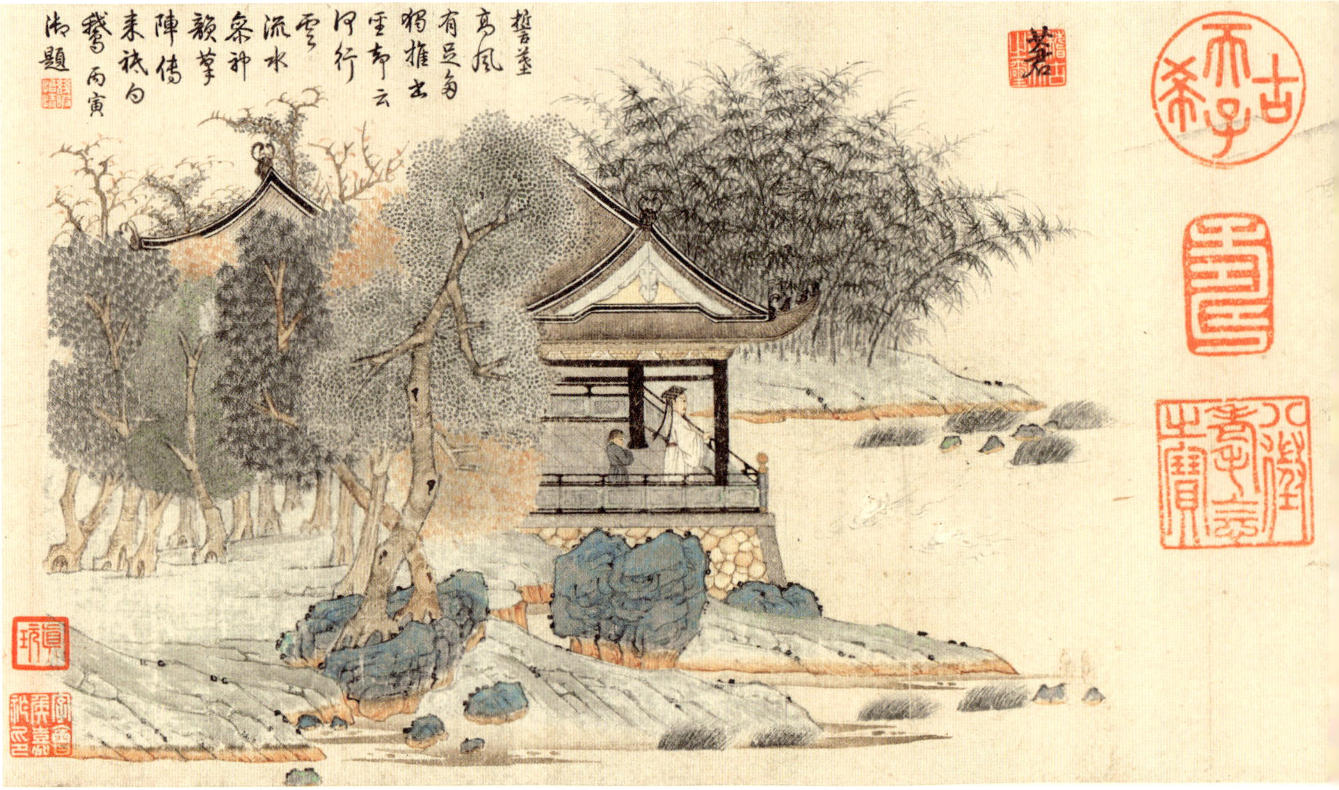

画家描绘了一幅清新淡雅的春景图。远处苍山青翠，村庄隐隐，近处茂林修竹，亭台掩映，王羲之站在楼阁中，凭栏眺望，湖中白鹅嬉戏，姿态优美。

咏鹅

〔初唐〕骆宾王

鹅，鹅，鹅，
曲项▲向天歌。
白毛浮绿水，
红掌拨清波。

《王羲之观鹅图》局部 〔元〕钱选

▲项：颈，脖子。

诗说

鹅！鹅！鹅！池塘里的大白鹅弯曲着脖子，向着天空高声歌唱着。它们白色的羽毛在碧绿色的水面上漂浮着，红色的脚掌在水里拨动起清澈的水波。

小诗词知识 年少有为的初唐四杰

初唐四杰是王勃、杨炯、卢照邻、骆宾王的合称，他们出生于一个“宫体诗”盛行的时代，从皇帝到大臣吟诵的大多都是“雨霁虹桥远，花落凤台春”（《安德山池宴集》）这种浮艳绮靡之风。到了“四杰”一改诗风，如王勃的“海内存知己，天涯若比邻”（《送杜少府之任蜀州》）和骆宾王的“不求生入塞，唯当死报君”（《从军行》），他们的笔力刚劲清新，诗也是直抒胸臆，颠覆了以往的诗风，开创了唐诗的雄健、奔放的新气象。

王勃

当别的小朋友还在撒娇的时候，他九岁撰写《指瑕》十卷，给《汉书》的注释纠错，而且文采超乎常人，令长辈都感到十分惊讶。

杨炯

生于寒门，聪明好学，很早就显现出诗文方面的才赋，九岁时就中了“神童举”，十一岁被授予校书郎（专门典校书籍的官员）的职位。

骆宾王

大家应该都能背出他的《咏鹅》吧，这首诗是他七岁时随口咏出的，小小年纪就能写出如此动静相生的小诗，可见他的才华和天赋。

卢照邻

卢照邻年少时，饱读诗书，博学能文。他不到二十岁就被任命为王府掌管文书，在任职期间，他便将王府的书籍全部通览了一遍。

《风雨鸡鸣》 徐悲鸿

练字指导

左右结构的字。
左右等宽，左矮右高，
口字应处于字的左上方，
左边左竖下端出头，
底横托住右竖，
右侧竖写直且挺拔。

这幅画的背景是昏暗的漫漫长空，用淡淡的墨色表现出风雨交加的场面，看上去有的压抑。但是有一只冠红如火的大雄鸡站在石头上，雄赳赳、气昂昂地仰望着天空长鸣。让整幅画充满活力。

画鸡

【明】唐寅

头上红冠不用裁，
满身雪白走将来。
平生不敢轻言语，
一叫千门万户开。

▲将：助词，用在动词和来、去等表示趋向的补语之间。▲轻：随便、轻易。▲一：一旦。

这只大公鸡头上的鲜红色鸡冠不用特别去剪裁，它身披着雪白色的羽毛，雄赳赳、气昂昂地走了过来。平时它不会轻易地鸣叫，但只要一鸣叫，千家万户都要赶紧起床开门！

《借山图》 齐白石

一位垂钓者坐在错落有致的赭（zhě）石上，背靠着花青色的芦苇，郁郁葱葱。画面远处用寥寥数笔的墨色勾勒出浓淡相宜的群山。

齐白石习惯把色用成墨，曾被誉为“墨叶红花派”，从这幅画看齐白石还将墨用成了色，清雅的色调充分体现了纯粹和高雅的意境。

小儿垂钓

〔中唐〕胡令能

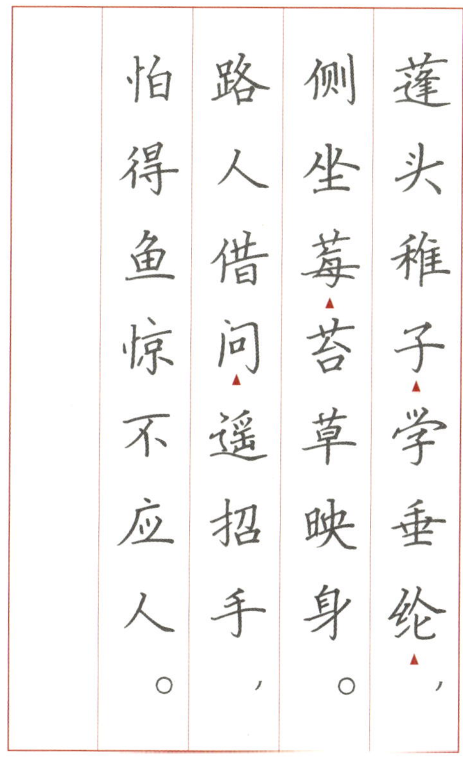

练字指导

左中右结构的字。
左中右等宽，
左侧竖画从撇的中点起笔，
中间捺收为点，
右侧竖钩突出长于左侧竖画。

▲稚子：年龄小、懵懂的孩子。 ▲垂纶：钓鱼；纶，钓鱼用的线。 ▲莓：一种野草。 ▲借问：向人打听。

诗说

一个头发蓬乱，面孔青嫩的小朋友在河边学钓鱼，侧身坐在青苔上面绿草映衬着他的身影，听到有人想问路，小朋友连忙摇摇手，怕惊扰了鱼儿，不敢回应。

你钓过鱼吗？初学钓鱼时是不是也是小心翼翼的，害怕惊扰了鱼儿呢？

《大好园林》 齐白石

练字指导

上下结构的字。
上矮下高，上宽下窄，
上部盖住下部，
整体不宜过长。

画赏

这幅画整体色彩明丽，竹竿用细笔描绘，以“个字法”画竹叶，用花青上色，竹林清新自然。被竹林包围的茅屋，栅栏中的两只小鸡，给人浓郁的乡土生活气息，朴素简洁的画法透露着雅拙、纯朴。

夏日田园杂兴 其七

[南宋] 范成大

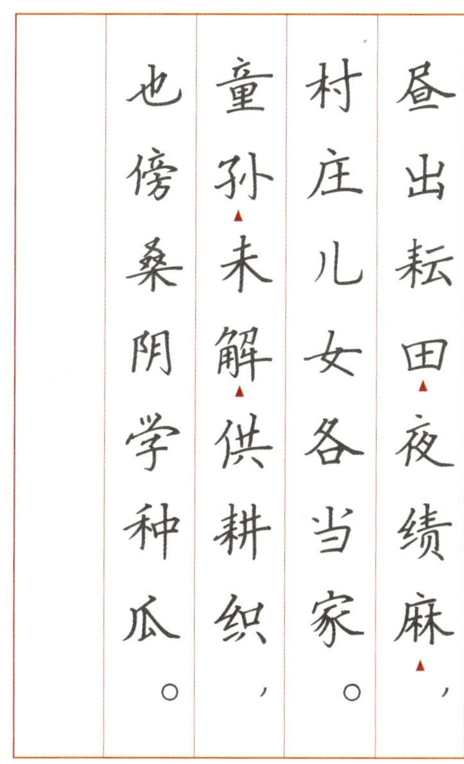

昼出耘田夜绩麻，
村庄儿女各当家。
童孙未解供耕织，
也傍桑阴学种瓜。

▲耘田：锄草。 ▲绩麻：把麻搓成线。 ▲童孙：最小的孙子。 ▲未解：不知道。

白天在田野里锄草，夜晚在家里搓麻线，村中的儿女都各有各的家务，最小的孩子不会耕田织布，也在桑树下面学起种瓜了。

夏天会做什么呢？会不会和爸爸妈妈一块去农村体验生活呢？农忙的时候，农户家里面的儿女都要跟着帮忙，最小的孩子也在地里帮忙种瓜，是不是挺有趣的呢？

《缂丝花卉图之蝴蝶花》
［明］佚名

缂（kè）丝是一门古老的手工艺术，这幅画缂工细致，润色自然。描绘了蝴蝶花在怪石中傲然盛开，一只黄色的蝴蝶被她的美色所动容，翩然起舞。整幅画色彩明丽，动静相宜，风格简易，重意趣而不注重形似。

宿新市徐公店

［南宋］杨万里

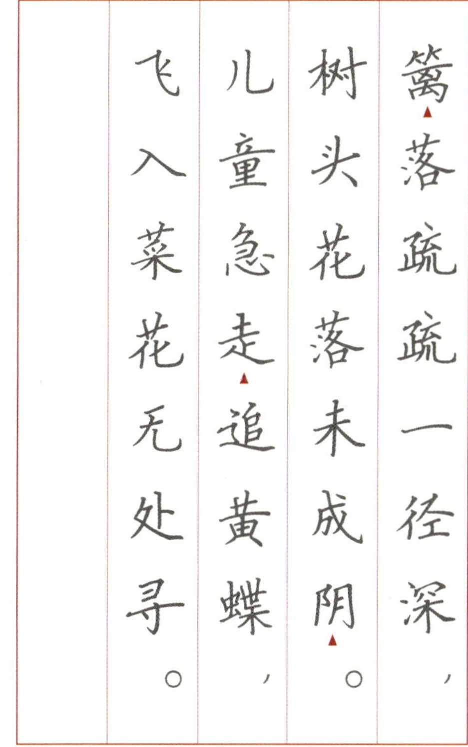

练字指导

上下结构的字。
上下同高，上宽下窄，
主笔横舒展，左低右高，
下部两竖内收，
折角处顿笔用力。

▲篱：篱笆。 ▲阴：树叶茂盛而形成了树荫。

▲急走：奔跑；走，跑的意思。

诗说

篱笆稀稀疏疏的，一条小路通向了远方，树上的花瓣纷纷落下，树枝上的新叶还没有形成树荫，小孩子飞快追赶着黄色的蝴蝶，可是蝴蝶飞到菜花里面再也找不到了。

阳春三月，已经是山花烂漫的时候，你是会沐浴着春风放风筝，还是和诗人笔下的小朋友一样追蝴蝶呢？

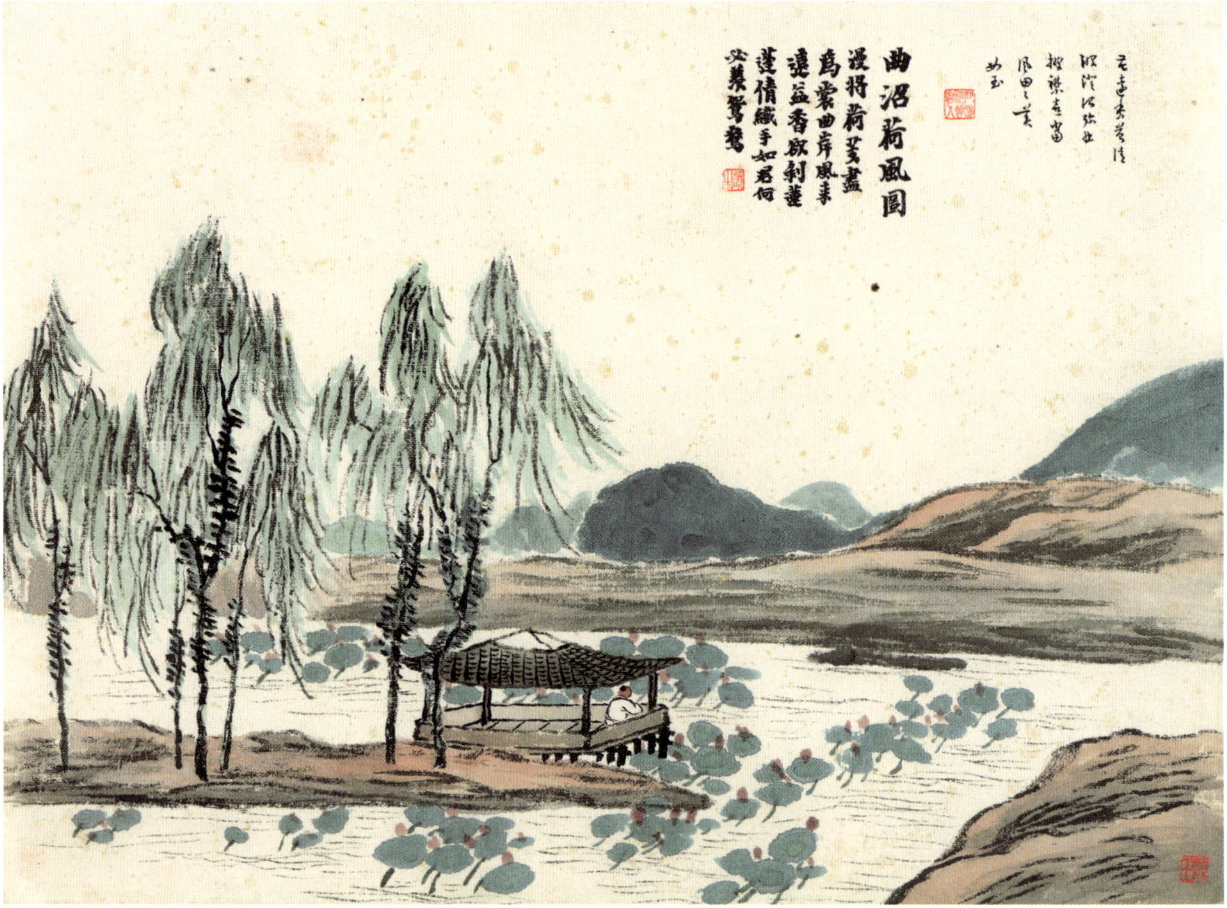

《曲沼荷风图》 齐白石

画赏

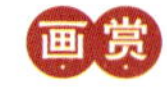

夏日，杨柳依依，清风徐徐，画中人坐在凉亭，手剥着莲蓬。池塘中荷花盛开，远处群山起伏，此情此景画中人甚是知足，正如画上面所题“何必羡鸳鸯”。

池上

【中唐】白居易

小娃撑小艇，
偷采白莲回。
不解藏踪迹，
浮萍一道开。

练字指导

常用偏旁之爪字头。
写爪字头时，
起笔撇为平撇，
三点向中间靠拢，
主笔横画要写长，
竖画在横画中间位置。

▲小艇（tǐng）：小船。 ▲不解：不知道。 ▲一道：一条水道。

诗说

小孩子撑着小船，悄悄地溜进了荷花池中，偷偷地采了白莲回来。他不知道怎么隐藏踪迹，水面的浮萍上留下了小船儿划过的痕迹。

这首诗里描述了小朋友撑着船在小池上采莲的画面，有景有色，有行动描写，也有心理刻画，细腻逼真，充满了童趣。

《牧牛图》

［宋］李唐

在一个初春时节，还没长出叶子的树枝上红花灼灼，空中一只燕子拍翅飞来，树下一头体格健壮的牛，怒气冲冲不愿意听从牧童的指挥。牧童骑在牛角上，像和壮牛一比高下，整个画面充满了童趣，活泼可爱。

所见

［清］袁枚

练字指导

上中下结构的字。
中窄上下宽，
上部第一笔横要写短，
主笔横舒展且抗肩，
中间日字内部横画连左不连右。

▲林樾（yuè）：指旁边成荫的树。 ▲欲：想要。

牧童骑在了牛背上，嘹亮的歌声在树林里回荡。他忽然想捕捉树上正在鸣叫的知了，于是停止了歌唱，悄悄地站在了树的旁边。

诗中小牧童天真活泼、悠然自得的模样十分可爱。这里的“骑”写出了牧童的姿势，“振”写出了他的心情，通过这两个动词可以感受到牧童与周围的景致完全融为一体。

《荷塘双鱼图》 齐白石

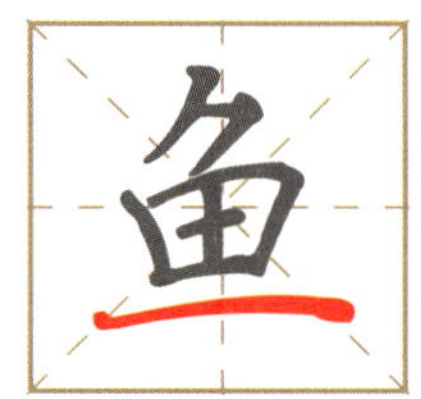

练字指导

独体字。
上收下展，
上部上松下紧，不可写散，
下部长横应写的舒展。

荷塘中荷叶高低错落，浓淡相宜；荷花亭亭玉立有着一种朴实优美的姿态和卓然的风骨流露其间；鱼儿在荷塘中游走，画家用寥寥数笔将其生动形态跃然于纸上。

江南

[汉] 乐府诗▲

▲乐府诗：指汉代民歌。 ▲田田：叶子浮出水面的样子。

快来江南来采莲蓬吧！江南的水面上，荷叶们都紧紧地挨着，鱼儿也在荷叶之中穿梭嬉戏。莲叶东南西北每个方向都有鱼儿游戏的身影。

《江南》为汉乐府作品，属于汉代民歌。诗中大量运用重复句式，表现了古代民歌质朴明朗、不事雕琢的风格。

小诗词知识

可以唱的乐府诗

乐府诗是什么诗？

你知道乐府是什么吗？在周朝，皇帝专门设立采诗官到民间采集民歌，到了汉朝，皇帝更加重视民歌，专门设立了一个机构进行管理，这个机构就是“乐府”，后来又被称之为“汉乐府”。这里的官员需要采集民间歌谣或文人的诗来配乐。

乐府诗有什么不一样呢？

在汉朝的时候，上至王公贵族，下至村中妇孺，人人都喜爱唱歌，就连开国皇帝刘邦也不例外。当上皇帝的刘邦有次回到家乡，和家乡的朋友们一起喝酒，不禁高歌到“大风起兮云飞扬。威加海内兮归故乡。安得猛士兮守四方！”区区三句，豪气奔放，可谓是汉乐府中的佳作。

乐府诗都是民歌，语言自然也十分通俗易懂，像本册书中选的这首《江南》，语言就十分平白通俗，描绘出江南池塘莲叶茂盛，鱼儿嬉戏，人们纵情欢唱的场景。连三岁小孩都可以背诵。

汉朝老百姓比较擅长用唱歌的形式来讲故事，所以有些乐府诗就具有显著的叙事特征，一般都在完整地描写故事情节。像著名的乐府长诗《孔雀东南飞》，就讲述了一对年轻夫妇的爱情故事。

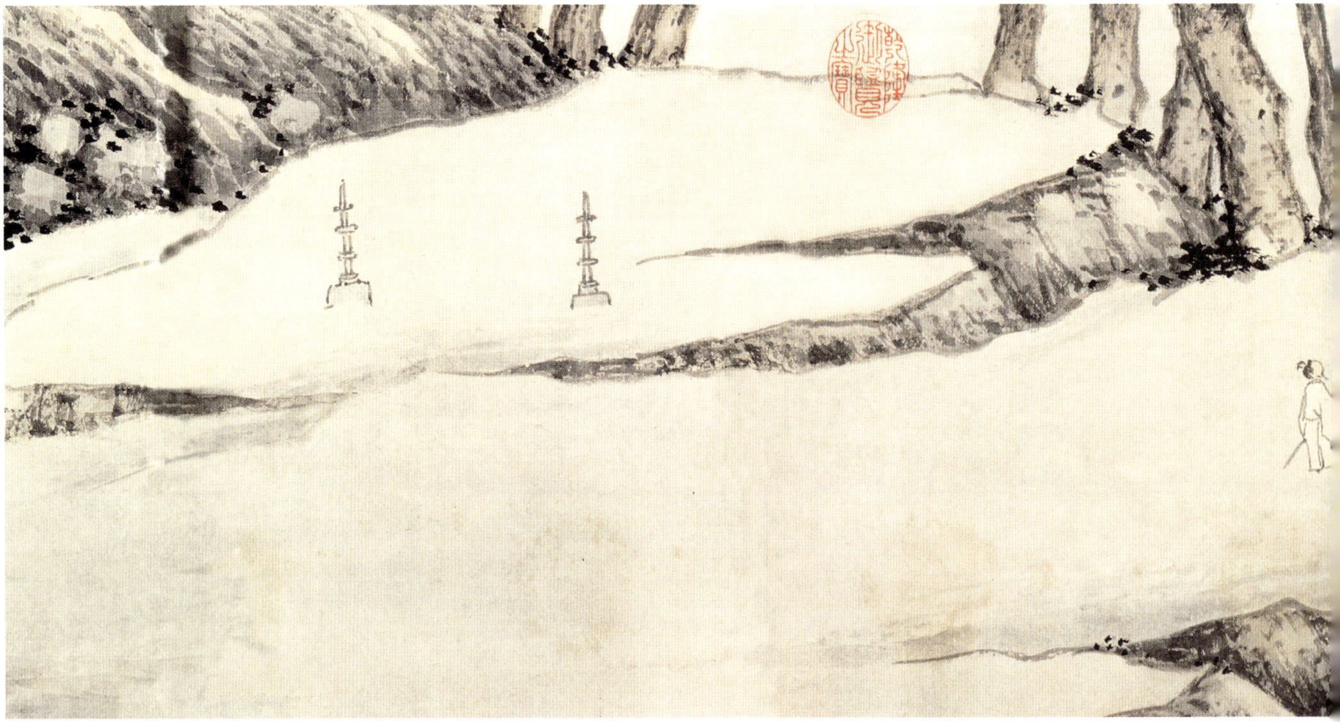

《千人石夜游图》 ［明］沈周

《千人石夜游图》展现的是文士执杖夜游的闲适。画中景致简单，淡墨渲染，浓墨点苔，色调层次变化丰富，且画家运用整饬（chì）式勾线，斫拂式短笔皴，画风雄劲而浑厚。

夜书所见

［南宋］叶绍翁

萧萧梧叶送寒声，
江上秋风动客情。
知有儿童挑促织，
夜深篱落一灯明。

▲萧萧：风声。 ▲客情：旅客思乡之情。 ▲挑：挑弄，引弄。 ▲促织：俗称“蟋蟀”。

萧瑟的秋风吹起梧桐的树叶，送来了阵阵寒意。江上吹来了秋风，使诗人不禁想起了许久未归的家乡。想到家中的孩子们一定在兴致勃勃地斗着蟋蟀，诗人在夜深人静时还亮着灯无法入眼。

秋天是萧瑟的季节，在这样万物开始凋零的时候，最是能让客居他乡的人想起家乡的温暖。

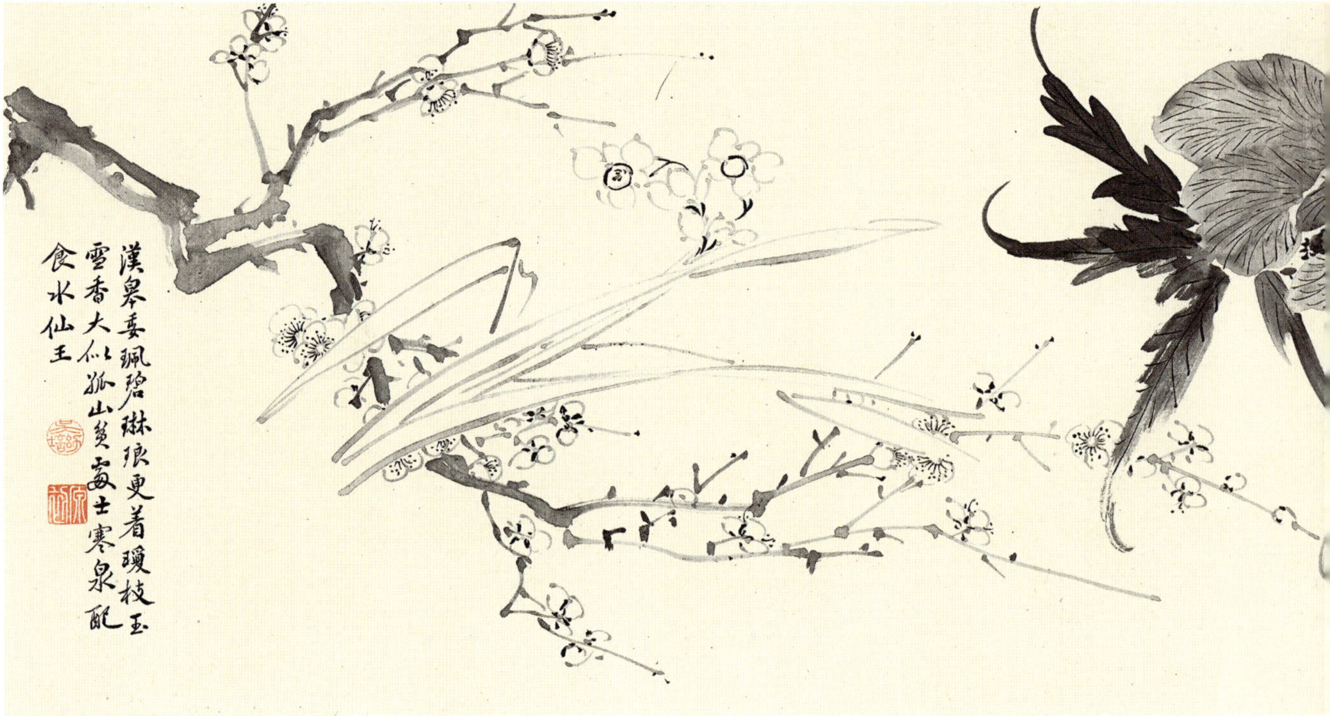

《仿陈道复花卉》［明］周之冕

画赏

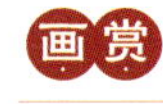

画家用细腻的勾勒法画花，以水墨点染叶子，工笔中带着写意。图中的花草形象真实，意态生动，淡雅别致。

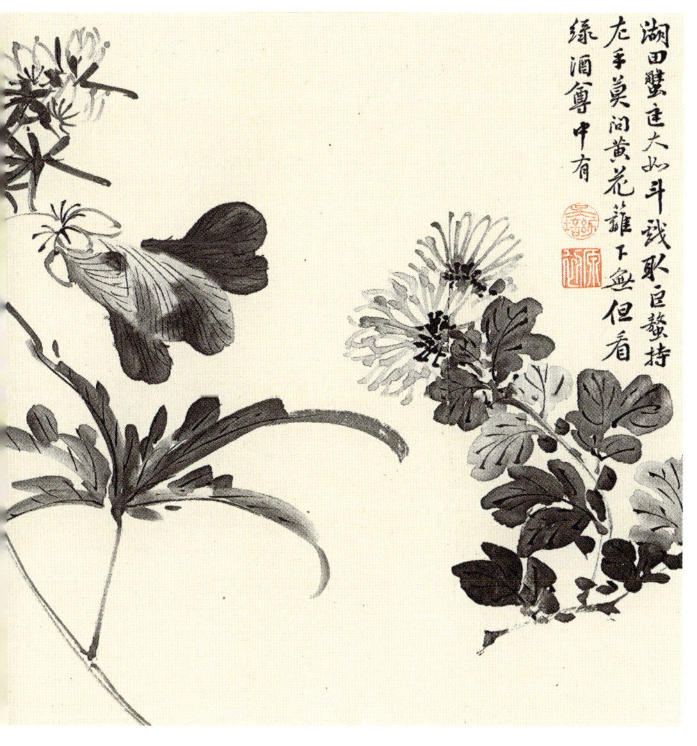

花影

［北宋］苏轼

重重叠叠上瑶台▲，几度呼童扫不开。
刚被太阳收拾去，又教▲明月送将来。

▲瑶台：华贵的亭台。　▲教：让。

诗说

重重叠叠的花影一层层地印上了亭台，叫书童打扫了多次，但怎么也扫不走这重重叠叠的花影。太阳下山时，好不容易这花影才隐退起来，可月亮又升起，花影又重重叠叠地印了上来。

诗人都是生活的观察者，苏轼的这首《花影》把毫无生趣的花影写得俏皮又可爱。

《归去来辞意图》［清］徐绶臣

画面的右侧描绘了一家生活的场景，一间茅屋周围种满的竹子和一棵茂盛的松树，一位老人带着两个小孩，小孩脸上洋溢着笑容，在老人的不远处有一只鸭子，整个场景充满了生活的纯真和质朴。在画的左侧船夫撑着船，旁边的小孩欣赏湖面，船上的老翁站了起来像是和朋友在道别。

清平乐·村居

［南宋］辛弃疾

茅檐低小，溪上青青草。醉里吴音相媚好，白发谁家翁媪？
大儿锄豆溪东，中儿正织鸡笼。最喜小儿亡赖，溪头卧剥莲蓬。

▲清平乐（yuè）：词牌名。 ▲吴音：吴地方言。 ▲媚好：爱悦，喜欢。 ▲翁媪（ǎo）：老翁、老妇。
▲亡（wú）赖：顽皮可爱；亡，通“无”。

草屋的屋檐又低又矮，溪边长满了青翠的小草。饱含着醉意的吴侬软语，听起来是那么好听，那满头白发的老人是谁家的呢？只见大儿子在东边的地里锄豆，二儿子在忙着织鸡笼。最有趣的是调皮可爱的小儿子，躺卧在溪头，笑嘻嘻地剥着莲蓬。

这是一首描写农村一家五口生活的诗，诗人将这一家老小的面貌和神态描写得有神有色，读着诗句便可以闻到纯朴的乡土气息。

书写练习（同步临摹）

文中对应页

绘画作品索引（仅为本册索引）

全套诗词索引（按诗人朝代和出生先后来排序）

盛唐诗歌

中唐诗歌

晚唐诗歌

北宋诗歌

南宋诗歌

元明清诗歌

《蜻蜓荷花》 齐白石

图书在版编目（CIP）数据

你好啊，小诗词．花间一壶酒 / 毛向军编著 ； 霜豪
绘．-- 北京 ： 中国铁道出版社有限公司， 2021.5
ISBN 978-7-113-27736-9

Ⅰ．①你… Ⅱ．①毛… ②霜… Ⅲ．①古典诗歌－中
国－中学－课外读物 Ⅳ．①G634.303

中国版本图书馆 CIP 数据核字（2021）第 026341 号

书　　名： 你好啊，小诗词：花间一壶酒
NI HAO A，XIAOSHICI：HUA JIAN YI HU JIU
作　　者： 毛向军
插　　图： 霜　豪
策划编辑： 聂浩智　郭景思
责任编辑： 郭景思　　**电子信箱：** guojingsi@sina.cn
责任印制： 赵星辰
出版发行： 中国铁道出版社有限公司（100054，北京市西城区右安门西街 8 号）
印　　刷： 北京柏力行彩印有限公司
版　　次： 2021 年 5 月第 1 版　　2021 年 5 月第 1 次印刷
开　　本： 889 mm × 1194 mm　1/24　印张：24　字数：640 千
书　　号： ISBN 978-7-113-27736-9
定　　价： 198.00 元（全 8 册）